나의 첫 세계사 16

세계를 향해 문을 연
동아시아

박혜정 글 | 김정진 그림

한중일이라는 말을 들어 본 적 있니?

맞아! '한국', '중국', '일본' 세 나라 이름의 앞 글자에서 따온 말이야.

아시아 대륙 동쪽 끝에 있는 세 나라여서 '동아시아 3국'이라고 부르기도 해.

이 셋은 아주 먼 옛날부터 이런저런 것들을 주거니 받거니 하면서 어울려 지냈어.

때로는 다투거나 전쟁을 벌이기도 했지만 말이야.

그런데 지금으로부터 200년 전쯤,

이곳에 다른 나라들이 끼어들면서 상황이 크게 바뀌게 돼.

영국이나 미국, 러시아 같은 서양 나라들이 등장하기 시작했거든.

이제 동아시아에서는 어떤 일이 벌어지게 될까?

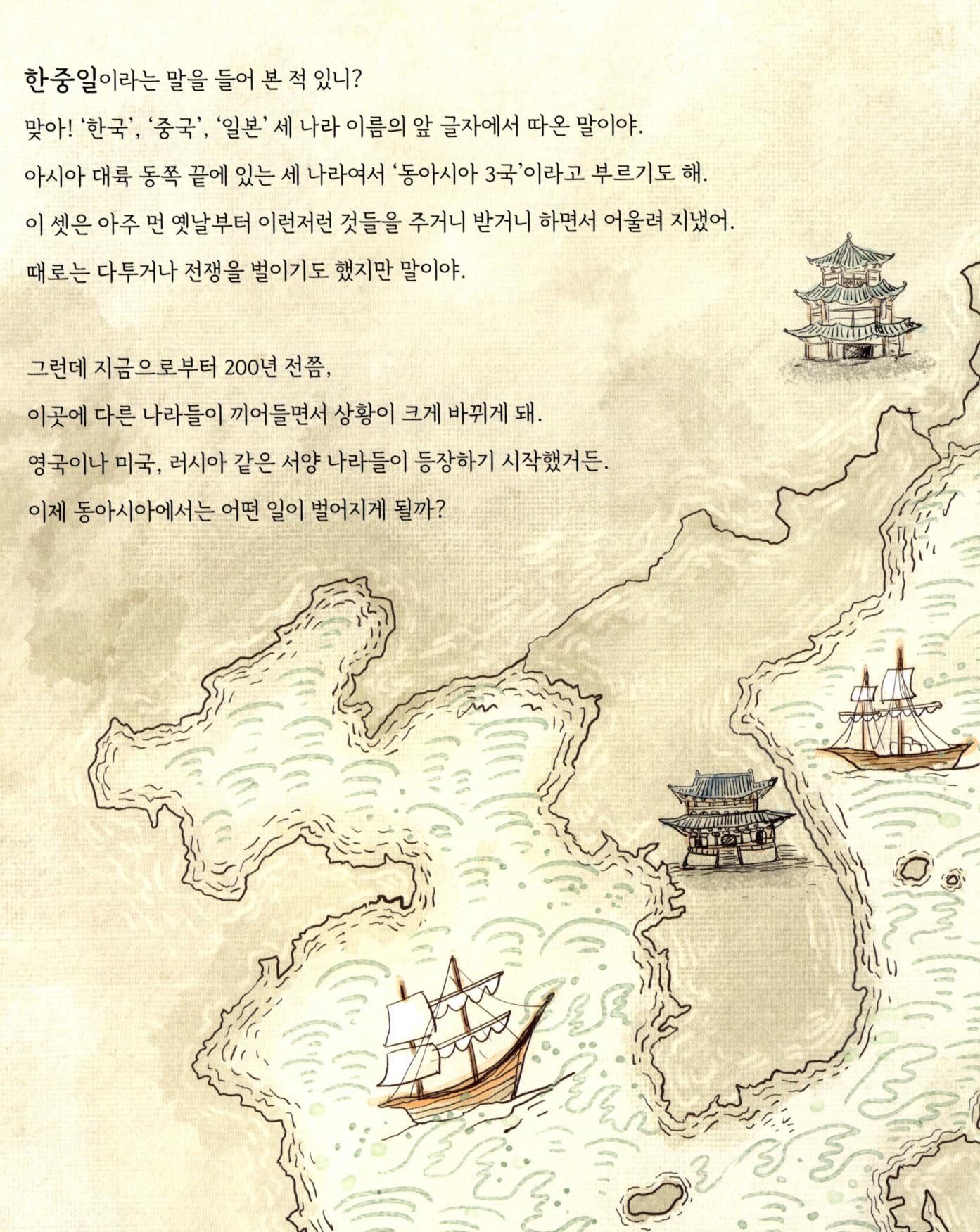

지금으로부터 200년 전, 영국은 온 세계를 누비고 다녔어.
영국은 가장 먼저 산업 혁명이 일어난 나라였고,
산업 혁명 덕분에 공장의 기계들이 물건을 척척 만들어 냈지.
칙칙! 무거운 짐을 실은 증기 기관차가 철길 위를 빠르게 달렸고,
폭폭! 증기선이 드넓은 바다 위를 거침없이 누볐어.

영국 상인들은 특히 인도를 자주 드나들었어.

인도는 후추 같은 향신료와 옷감을 만드는 면화가 풍부한 나라였거든.

영국인들은 인도 말고도 아프리카에 가고, 아메리카와 오스트레일리아에도 갔지.

그곳에서 양털이나 사탕수수, 금이나 은을 사들이고,

영국 공장에서 만든 물건을 내다 팔았어.

곧이어 프랑스와 독일, 미국 같은 나라들이 영국을 뒤따랐고,

서양 상인들은 점점 중국과 일본, 한국까지 기웃거리게 되었지.

거침없이 이곳저곳을 누비던 영국 상인들의 마음대로 되지 않는 곳도 있었어.
중국이 그런 곳이었지. 당시 중국에는 **청**이라는 나라가 있었는데,
청나라 정부는 외국 상인들이 자기 땅에 함부로 드나드는 것을 싫어했거든.
그래서 외국 사람들에게는 딱 한 곳에 있는 항구만 열어 주었어.
중국 남쪽에 있는 '광저우'라는 도시였지.
외국 상인들은 광저우 안에서만 움직일 수 있었는데,
그마저도 청나라 정부가 정해 둔 상인들하고만 장사할 수 있었어.
영국 상인들은 중국의 더 많은 도시에서, 더 자유롭게 돌아다니고 싶었지.

영국 정부는 청나라 황제에게 사절단*을 보냈어.
"영국 상인들이 자유롭게 물건을 사고팔 수 있게 허가해 주시오."

하지만 청나라 황제는 거절했어.
"중국은 풍요로워서 굳이 영국 상인들에게 살 물건이 없소.
지금처럼 항구 하나만 열어 둘 테니
그곳에서 필요한 물건을 구해 가시오."

● **사절단** 특정한 임무를 가지고 나라를 대표하여 외국에 나가는 사람들.

영국 상인들은 이런 상황이 아주 못마땅했어.
이때 영국은 중국과 무역하면서 큰 손해를 보고 있었거든.
영국 사람들이 중국의 차를 좋아해서 마구마구 사들이다 보니
당시에 돈처럼 쓰이던 '은'이 모두 중국으로 흘러 들어갔던 거야.
차 말고도 중국의 도자기나 비단 같은 물건이 영국에서 큰 인기를 끌었고,
이런 것들을 들여오느라 영국은 중국에 많은 '은'을 주어야 했지.

은을 다시 가져오기 위해 영국 상인들은
중국에 새로운 물건을 팔기로 했어. 그게 바로 '아편'이야.
아편 때문에 영국과 중국 사이에 큰 전쟁까지 벌어지고 말았지.
도대체 아편이 뭔데 그래?

아편은 양귀비라는 풀에서 얻을 수 있는 약물이야.
양귀비의 꽃은 5월과 6월 사이에 피고, 꽃이 지면 열매가 열려.
열매가 미처 덜 익었을 때 칼로 베면 진득진득한 액체가 흘러내리는데,
그것을 말리면 아편이 돼. 지금처럼 병원이나 약국이 없었던
아주 먼 옛날에는 아편이 약처럼 쓰이기도 했대.
배탈이 나거나 다쳤을 때 아픔을 덜 느끼게 만들어 주었거든.

하지만 아편을 너무 많이 쓰면 정신이 몽롱해지고
계속 아편에 취해 있고 싶어진대. 이런 걸 '중독'이라고 해.
맞아, 아편은 사람을 중독시키는 약물이야.
때마침 영국의 지배를 받고 있던 인도에서는 아편이 많이 재배되었어.
영국 상인들은 인도에서 구한 아편을 중국에 팔았지.
점점 더 많은 중국 사람이 아편에 중독되어 갔고, 아편에 중독된 사람들은
아편을 사기 위해 땅도 팔고 집도 팔았대. 이거, 큰일이네!

청나라 정부는 해결 방법을 찾아야 했어.
이대로 두면 청나라의 은이 영국 상인들에게 모두 넘어갈 판이었지.
더군다나 아편에 중독된 사람들이 너무 많아졌고,
이 사람들은 온종일 아무것도 하지 않고 아편만 피워 댔거든.
아편을 사고파는 사람들에게 큰 벌을 준다고 해도
아편에 중독된 사람들을 막기는 어려웠어.

이때 청나라 황제의 명령을 받은 '임칙서'라는 관리가
영국 상인들이 머무르던 광저우로 향했어.
광저우를 샅샅이 뒤져서 아편이란 아편을 모두 찾아냈더니,
2만 상자가 넘는 아편이 나왔던 거야.

"아편은 청나라 사람들을 병들게 한다! 아편을 모조리 없애라."

아편을 모두 끓이거나 태워서 바닷물에 버리도록 했지.
이렇게 아편 문제는 해결된 걸까? 그럴 리가!

아편이 모두 버려졌다는 소식은 영국 정부에도 전해졌어.
영국에는 의회가 있었고, 의회의 의원들이 한자리에 모였지.

어떤 의원들은 이렇게 이야기했어.
"아편도 영국 상인들의 재산입니다. 그걸 모두 없애 버리다니요!
영국 상인들이 입은 손해를 보상받고, 사과도 받아야 합니다.
청나라 정부가 이를 거절한다면 전쟁이라도 벌여야지요!"

또 다른 의원들은 이렇게 이야기했지.
"아편은 사람들을 중독시키는 몹쓸 약물입니다.
아편을 팔기 위한 전쟁이라니요!
그런 전쟁은 영국의 명예를 더럽힐 뿐입니다!"

의견 차이가 좁혀지지 않자, 투표로 결정하기로 했어.
투표 결과는 271 대 262,
중국과 전쟁을 벌이자는 쪽이 아홉 표를 더 받았지.
이렇게 **아편 전쟁**이 시작되었던 거야!

군대와 대포를 잔뜩 실은 영국의 증기선이 중국 앞바다에 도착했어.

영국의 증기선은 엄청 큰데도 매우 날쌨어. 중국 사람들 눈에는 거대한 괴물 같았지.

펑! 펑! 커다란 대포가 쏘아 대는 포탄은 모든 것을 부숴 버렸어.

오래전에 만들어 두었던 청나라의 대포와 배는 영국의 상대가 되지 못했지.

청나라 정부는 항복할 수밖에 없었고, 영국 정부의 요구를 들어주어야만 했어.

영국 정부는 이런 것들을 요구했어.

"광저우 말고 다른 항구도 열어라.
광저우 근처에 있는 홍콩섬을 영국에 넘겨라.
아편으로 입은 손해와 전쟁으로 본 피해를 보상하라."

청나라는 억울했지만, 전쟁에서 졌기 때문에
어쩔 수 없이 영국의 말을 들어야 했지.

아편 전쟁에서 패배한 청나라는 매우 혼란스러웠어.

"무능한 청나라를 없애고 새로운 나라를 만들자!"
가난하고 차별받던 농민들이 거세게 들고일어나며 온 나라를 휩쓸었지.

"농민군을 흩뜨려 놓기 위해서는 강한 무기가 필요하다!"
청나라 정부는 서양 무기를 들여와서 농민들을 공격했어.

둘은 팽팽하게 맞섰지만 결국 이긴 쪽은 청나라 정부야.

농민들의 거센 저항도 서양 무기 앞에서는 무너지고 말았지.

청나라 정부는 강력한 서양 무기의 힘을 다시 한번 깨닫게 되었어.

그렇다면 보고 배워야겠지! 청나라는 서양식 총과 대포, 배를 만드는 공장을 짓고,

외국에 유학생을 보내서 다양한 기술을 배우고 오도록 했어.

서양의 기술을 받아들여 나라의 힘을 키우는 **양무운동**이 시작되었던 거야.

청나라의 소식은 이웃 나라 일본에도 전해졌어.
일본 정부도 자기네 나라에 서양 사람들이 드나들지 못하도록 했는데,
일본 앞바다에도 검은 연기를 내뿜는 서양의 증기선이 나타났지 뭐야.
어마어마하게 커다랗고 무시무시하게 새까만 증기선이
검은 연기를 칙칙 뿜으며 검은 포탄을 펑펑 쏘아 댔어.
그 배는 태평양 건너 미국에서 보낸 배였지.

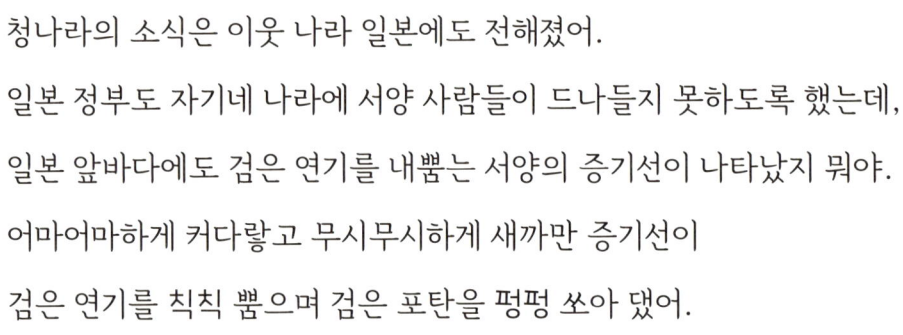

미국이 일본에 요구한 건 딱 하나야.
미국 상인들이 일본에서 자유롭게 물건을 사고팔 수 있게 해 달라는 거였지.
일본 정부는 고민했지만, 미국의 요구를 거절한 뒤에 벌어질 전쟁이 두려웠어.
아편 전쟁에서 청나라가 영국을 이기지 못했던 것처럼
일본도 미국을 이길 수 없을 거라고 생각했거든.

그래서 일본 정부는 미국의 요구를 받아들이기로 했고,
둘 사이에는 '조약'이 맺어졌어. 조약은 두 나라 사이에 지켜야 할 약속 같은 건데,
이때 맺어진 조약은 미국에만 좋고 일본에는 좋은 점이 하나도 없었어.
일본은 이런 조약을 러시아, 프랑스, 영국 같은 나라들과도 맺어야 했지.
그러면서 서양 상인들이 일본 항구에 드나들게 되었던 거야.

투덜투덜, 이번에는 일본 사람들의 불만이 커져 갔어.
외국 상품 때문에 일본 상품이 잘 팔리지 않는 데다가
물건 가격이 들쑥날쑥해지고, 외국 상인들이 거들먹거리는 게 못마땅했거든.
일본 사람들한테는 큰소리치더니 외국 사람들에게는 꼼짝도 못 하는
일본 정부가 너무 비겁하다고 생각했지.

불만에 가득 찬 몇몇 사람들이 해결책을 찾아냈어.
교토에 있는 천황을 찾아갔던 거야! 교토의 천황이라고?
잘 들어 봐! 일본에는 중요한 도시가 두 곳 있어.
하나는 도쿄, 다른 하나는 교토야.
도쿄에는 실제로 나라를 다스리던 최고 장군인 '쇼군'이 있었고,
교토에는 큰 힘은 없지만 왕 역할을 하던 '천황'이 있었지.
도쿄의 쇼군이 나라를 잘 다스리지 못하니까
교토의 천황에게 도움을 요청하기로 했던 거야.
그때 천황이었던 사람이 **메이지** 천황인데, 이 이름은 기억해 두면 좋아!

쇼군의 군대와 천황의 군대가 크게 맞붙는가 싶었지만 그러지는 않았어.

힘이 약해질 대로 약해진 쇼군이 모든 권력을 천황에게 주기로 했거든.

교토에 살던 천황은 이제 도쿄로 옮겨 와서 새로운 시대를 열게 돼.

일본이 서양 나라들처럼 강해지길 바라는 사람들이 천황 주변으로 모여들었지.

'이와쿠라 도모미'라는 사람을 중심으로 사절단이 만들어지기도 했어.

"서양의 발전된 모습을 눈으로 직접 보러 갑시다."

이와쿠라 사절단은 제일 먼저 태평양을 건너 미국으로 갔어.
미국의 거대한 대륙을 가로지르는 철도를 타고서는 눈이 휘둥그레졌지.
그다음에는 미국에서 대서양을 건너 유럽으로 갔어.
영국과 프랑스, 독일과 러시아 같은 유럽 나라를 꼼꼼히 살펴보았지.
영국의 지하철을 보고 눈이 번쩍! 영국의 해군을 보고 눈이 번쩍번쩍!
유럽 나라들의 법이나 의회, 군대와 공장은 모두 일본이 보고 배워야 할 것들이었어.

이와쿠라 사절단은 돌아와서 새로운 일본을 만드는 데에 온 힘을 쏟았어.

뚝딱뚝딱, 새로운 나라를 만들자!
천황을 중심으로 힘을 모으자.
뚝딱뚝딱, 공장을 짓고 철도를 놓자.
신분에 따른 차별을 없애고,
누구나 배울 수 있는 학교도 짓자.

일본은 새로운 나라가 되어 가고 있었어.
정말이지 서양의 모든 것을 그대로 따라잡은 것 같았지.
이러한 일본의 큰 변화를 **메이지 유신**이라고 해.
이때 천황의 이름이 메이지였던 것을 기억하고 있지?

메이지 유신으로 서양을 따라잡아 가던 일본은
다른 나라를 침략하는 것까지 따라 하게 되었어.
조금씩 조금씩 땅을 넓히더니 마침내 한반도까지 넘보았지!
맞아, 우리나라가 있는 한반도 말이야.

이때 한반도에는 '조선'이라는 나라가 있었어.
조선도 프랑스나 미국의 침입을 받았지만,
그럭저럭 잘 버텨 내고 있었지.
그런 조선에게 일본이 으름장을 놓았던 거야.
일본의 배가 조선 앞바다에 와서 대포를 쏘아 댔지.
조선 정부는 프랑스나 미국 같은 서양 나라들보다는
차라리 일본과 조약을 맺는 것이 더 낫다고 생각했어.
결국 조선과 일본 사이에 **강화도 조약**이 맺어졌지.
이 조약도 일본에만 좋고 조선에는 좋은 점이 하나도 없었어.

조선 농민들의 삶은 갈수록 힘들어졌어.

일본 상인들이 조선의 쌀을 마구마구 사들여서 조선의 식량이 부족해졌거든.

더군다나 외국의 공장에서 만들어진 값싼 물건들을 조선에 내다 팔면서

조선 상인이나 수공업자◦들이 큰 피해를 보았지.

이런 상황에서 조선 정부는 전혀 도움이 되지 못했어.

오히려 가난한 농민들에게 세금을 더 많이 걷을 궁리만 했고,

못된 관리들이 농민을 괴롭혀도 왕은 관리들 편만 들었지 뭐야.

● **수공업자** 손과 간단한 도구를 사용하여 물건을 만드는 사람.

살기가 힘들어진 조선 농민들은 거세게 들고일어났어.

"으라차차! 썩을 대로 썩은 조선 정부를 무너뜨리자!"
"어기영차! 조선을 침략하는 일본 상인들을 쫓아내자!"

농민들의 함성은 점점 커졌고, 농민군을 가로막을 건 없어 보였지.
농민군을 막아 내기가 버거워진 조선 정부는
청나라에 도움을 요청하기로 했어.
맙소사, 자기네 농민들을 물리치기 위해 외국 군대의 도움을 받는다고?

청나라 정부가 조선에 군대를 보냈어.
기회를 엿보고 있던 일본도 조선에 군대를 보냈지.
갑자기 청과 일본, 두 나라의 군대가 조선에 몰려든 거야.
더 재빠르게 움직인 쪽은 일본군이었어. 일본군은 조선의 궁궐을 점령하고,
조선의 농민들에게 총과 대포를 쏘아 그들을 흩뜨려 놓았지.
조선 항구에 머물러 있던 청나라 군대까지 공격했어.

청나라가 서양처럼 강해지기 위해 벌였던 '양무운동'을 기억하니?
청나라는 서양의 무기와 기술을 받아들이며 강한 군대를 만들었지.
일본은 일본대로 '메이지 유신'을 거치면서 큰 변화를 겪었어.
그런 두 나라 사이에 **청일 전쟁**이 벌어졌던 거야.

아산만과 평양, 압록강과 뤼순 같은 곳에서 전투가 이어졌고,

일본군은 청나라 군대를 거세게 몰아세웠어.

결국 청나라는 항복할 수밖에 없었지.

전쟁에서 이긴 일본은 청으로부터 땅을 얻고 돈도 받았어.

그리고 그 돈으로 또 다른 전쟁을 준비했지.

일본이 신경 쓰고 있던 나라는 러시아였어.

러시아는 아시아와 유럽 사이에 크게 펼쳐져 있는 나라인데,

그 무렵 러시아도 한반도와 주변의 땅을 기웃거리며 넘보고 있었거든.

두 나라 사이에 긴장감이 감돌다가 결국 전쟁이 벌어지고 말았어.

청일 전쟁이 끝난 지 10년이 채 안 되어 또 전쟁이 일어났던 거야.

바로 러일 전쟁이지.

온 세상 사람들의 눈이 러일 전쟁을 향했어.

발전한 유럽에 속해 있으면서 나라 크기도 큰 러시아가 이길 거라고 다들 생각했지.

하지만 결과는 반대였어! 러일 전쟁에서 이긴 것도 일본이야.

일본의 힘이 세기도 했지만, 러시아의 힘이 더 세지는 걸 막고 싶었던

영국과 미국이 일본을 도와준 덕분이기도 해.

러시아까지 물리친 일본은 결국 한반도를 식민지로 만들게 되었지.

이 시대에 살았던 일본 사람 중에 **이토 히로부미**가 있었어.
이토 히로부미는 메이지 유신을 성공시키는 데 중요한 역할을 했고,
일본이 조선을 침략할 때 가장 앞장섰던 인물이었지.
조선의 의병 **안중근**은 이토 히로부미가 동양의 평화를 깨는 침략자라고 생각했어.
결국 이토 히로부미는 안중근이 쏜 총에 맞아서 죽게 되었지.
서양의 침략에 맞서 한국, 중국, 일본이 손을 맞잡는 건 매우 어려운 일이었어.
서로에게 많은 상처를 남긴 시대가 이렇게 흘러가고 있었단다.

나의 첫 역사 여행

난징 조약과 중국의 도시들

난징

아편 전쟁이 끝난 1842년, 영국과 청나라의 대표가 난징에서 만났어.
이곳에서 두 나라는 '난징 조약'을 맺게 돼.
아편 전쟁에서 진 청나라는 난징 조약에 따라 홍콩섬을 영국에 떼어 주고,
영국 상인들이 자유롭게 활동할 수 있도록 몇몇 항구를 열어 주어야 했어.
이후 청나라는 여러 개혁 정책을 펼치지만 대부분 실패하고 말아.
그러다 결국 1912년에 멸망하게 되었지. 황제가 다스리던 청나라가 멸망하면서
국민에게 주권이 있는 새로운 나라를 세우게 되었어. 중화민국이 건국된 거야.
이 사건을 '신해혁명'이라고 해. 중화민국의 수도로 정해진 곳도 난징이었지.
신해혁명을 이끌었던 쑨원의 거대한 묘소가 난징에 있어.
쑨원은 지금까지도 중국 사람들에게 큰 존경을 받는 인물이야.

| 중국 난징시의 거대한 성문, 중화문 | 쑨원의 묘가 있는 중산릉 |

홍콩의 도시 풍경

피크 트램

홍콩

홍콩은 중국 남쪽에 있는 섬이야.
아편 전쟁이 한창 벌어지고 있을 때 영국 군인들이 홍콩을 점령하더니
전쟁이 끝나고 맺어진 난징 조약을 통해 아예 영국이 차지해 버렸지.
이후 아시아에서 활동하는 영국 상인들뿐만 아니라, 해외로 진출하는
중국 상인들의 활동 중심지가 되면서 홍콩은 더욱더 발전해 갔어.
1997년, 중국에 반환될 때까지 홍콩은 150여 년 동안
영국의 지배를 받았던 곳이라 영국의 흔적이 여러 군데 남아 있기도 해.
1888년에 완성된 피크 트램은 아시아에서 최초로 만들어진 케이블카야.
피크 트램을 타면 홍콩에서 제일 높은 빅토리아 피크에 오를 수 있어.

상하이

난징 조약에 따라 영국 상인들에게 상하이 항구가 개방되면서
상하이에 영국 사람들이 정착하기 시작했고,
프랑스나 미국 사람들도 모여들었어. 이곳에 머무르는 외국인들은
중국 법의 지배를 받지 않아도 되는 특별한 권리를 누렸어.
이런 권리를 조금 어려운 말로 '치외 법권'이라고 해.
영국, 프랑스, 미국 같은 서양 나라들의 영향력이 커지면서
상하이에 서양식 거리가 만들어지고, 더 많은 외국 사람들이
다양한 이유로 모여들게 되었지. 일제 강점기 때 우리나라
독립운동가들이 대한민국 임시 정부를 세운 곳도 바로 상하이였단다.

상하이의 대표 건축물, 동방명주 타워

나의 첫 역사 클릭!

태평천국 운동과 동학 농민 운동

아편 전쟁이 끝난 뒤에 청나라는 영국에 많은 돈을 내야 했어.
바다에 빠뜨려 버린 아편 값도 치러야 했고,
전쟁에서 입은 영국의 피해도 보상해 줘야 했거든.
돈을 마련하기 위해 청나라 정부는 농민들에게 세금을 더 많이 거두어들였어.
농민들의 생활은 갈수록 어려워졌고, 청나라 정부에 대한 불만이 커져 갔지.
이때 홍수전이라는 사람이 나타나 청나라 농민들의 불만을 하나로 모았어.
홍수전은 크리스트교의 영향을 받아서 모든 사람이 평등하다는 생각을 갖고 있었지.
홍수전 주변으로 많은 사람이 모여들었고, 홍수전 세력은 청나라에 맞서
'태평천국'이라는 새로운 나라를 세우며 태평천국 운동을 일으켰어.
태평천국에서는 모두가 공평하게 땅을 나누어 갖고, 남성과 여성을 차별하지 않았대.
태평천국은 난징을 비롯한 중국의 남쪽 땅을 점령하고 14년간 유지되다가
지도층이 갈라서고, 서양 군대의 도움을 받은 청나라에 진압당하면서 몰락했어.

청나라와 태평천국이 벌인 전투를 묘사한 그림

일본과 조선 사이에 강화도 조약이 맺어진 이후,
조선에서 활동하는 일본 상인들의 횡포는 갈수록 심해졌어.
한편, 조선 정부는 개혁에 필요한 돈을 농민들에게 많은 세금으로 거두어들였지.
세금도 세금이지만 못된 관리들이 끼어들어 농민들을 못살게 굴 때가 많았어.
전라도 고부 지역을 다스리던 조병갑이 대표적인 인물이야.
조병갑은 농민들에게 멀쩡한 저수지였던 만석보를 새로 짓게 한 것도 모자라
그 저수지의 물을 사용하는 대가로 물값을 받아 내기도 했지.

전라북도 정읍시 이평면에 있는 동학 농민 운동의 발단이 된 만석보터

그 무렵, 조선 농민들 사이에서는 '동학'이라는 새로운 종교가 유행하고 있었는데
모든 사람이 평등하다는 사상을 바탕에 깔고 있는 종교였어.
동학의 지도자 중 한 사람이었던 전봉준이 전라고 고부에 살고 있었지.
조병갑의 횡포를 지켜보던 전봉준은 사람들을 모아 동학 농민 운동을 일으켰어.
조선 정부를 바로잡고 일본을 몰아내자며 농민들이 함께 들고일어났던 거야.
동학 농민 운동은 결국 실패로 끝났지만, 살아남은 농민군들은 훗날
의병이 되어 조선을 식민지로 삼으려는 일본에 맞서 싸우게 돼.

글 박혜정

성균관대학교 역사교육과에서 공부했습니다. 중학교에서 역사를 가르치며 학생들과 세계사의 재미를 나누고 있습니다. 두 아이의 엄마로, 아이를 무릎에 앉혀 놓고 그림책을 읽어 주던 때가 인생에서 빛나던 시절 중 하나라 여기고 있습니다.

그림 김정진

경기대학교와 같은 학교 대학원에서 서양화를 공부했습니다. 아름답고 재미있는 이야기에 즐겁게 그림을 그리고 있습니다. 유네스코 세계 문화유산에 등재된 종묘의 단청 보수 작업에 참여했고, 요즘은 아름다운 우리 문화유산에 대한 공부와 우리 시 읽기에 푹 빠져 있어요. 그린 책으로 《거미 가족》, 《과학이 톡톡 쌓이다! 사이다》, 《전설의 음치 마이크》, 《이상한 책가게》 외 다수가 있습니다.

나의 첫 세계사 16 ― 세계를 향해 문을 연 동아시아

1판 1쇄 발행일 2023년 11월 27일

글 박혜정 | **그림** 김정진 | **발행인** 김학원 | **편집** 박현혜 | **디자인** 박인규

저자·독자 서비스 humanist@humanistbooks.com | **용지** 화인페이퍼 | **인쇄** 삼조인쇄 | **제본** 다인바인텍

발행처 휴먼어린이 | **출판등록** 제313-2006-000161호(2006년 7월 31일) | **주소** (03991) 서울시 마포구 동교로23길 76(연남동)

전화 02-335-4422 | **팩스** 02-334-3427 | **홈페이지** www.humanistbooks.com

사진 출처 만석보터 ⓒ 정읍시청

글 ⓒ 박혜정, 2023   그림 ⓒ 김정진, 2023

ISBN 978-89-6591-538-6 74900
ISBN 978-89-6591-460-0 74900(세트)

- 이 책은 저작권법에 따라 보호받는 저작물이므로 무단 전재와 무단 복제를 금합니다.
- 이 책의 전부 또는 일부를 이용하려면 반드시 저작권자와 휴먼어린이 출판사의 동의를 받아야 합니다.
- **사용연령 6세 이상** 종이에 베이거나 긁히지 않도록 조심하세요. 책 모서리가 날카로우니 던지거나 떨어뜨리지 마세요.